AF456113

MÉMOIRE

POUR

M. Samuel GOLAY

CONTRE

M. Ferdinand ALDER

DEVANT MESSIEURS LES ARBITRES

Nommés par ordonnance de M. le Président du district de Nyon

Janvier 1872

13997

MEMOIRE

POUR

M. Samuel GOLAY

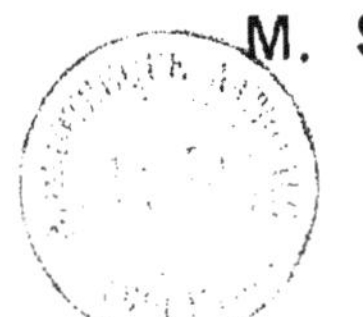

CONTRE

M. Ferdinand ALDER

DEVANT MESSIEURS LES ARBITRES

Nommés par ordonnance de M. le Président du district de Nyon

Janvier 1872

INDEX.

MÉMOIRE

POUR **M.** SAMUEL **GOLAY**, ———————— Défendeur.

CONTRE **M.** FERDINAND **ALDER**, ———————— Demandeur.

DEVANT MESSIEURS LES ARBITRES.

La demande de M. Alder tend, à faire déclarer : « Que la société contractée, le 1er mars 1867, avec M. Golay, n'est pas dissoute ; Que le brevet pris à Paris, le 29 mars 1867, est une propriété sociale. » — Deux chefs de demande.

M. Golay oppose :

Sur le premier chef, que la société, objet de l'acte passé entre lui et Alder, le 1er mars 1867, n'a jamais existé de fait ; qu'aucune des stipulations y contenues n'a été remplie ; qu'il n'y a, conséquemment, pas lieu de déclarer la société dissoute ; mais seulement de prononcer, purement et simplement, la résiliation du dit acte :

Sur le second chef, que les brevets qu'il a pu prendre ne sont point propriété sociale, par ce double motif qu'Alder n'a contribué en rien dans l'invention de Golay et qu'il n'a pas rempli ses engagements sociaux.

Les faits qui ont marqué les relations des parties et que nous allons rappeler, démontrent, de la façon la plus évidente, le bien fondé des motifs invoqués par le défendeur pour repousser la demande de M. Alder. — Voyons d'abord l'acte, il porte ce qui suit :

. . . .

« Art. 1er. Il est formé entre les comparants une société en nom collectif ayant pour objet *l'exploitation de l'invention d'une machine* pour dresser, blanchir et rhabiller les meules de moulins;

« Art. 2. Le siége de la société est établi à Nyon;

« Art. 3. La durée de la société est fixée à cinq années;

. . . .

« Art. 5. Les opérations de la société consistent dans l'*obtention de brevets d'invention* pour la machine dont il s'agit, *la cession de ces brevets* et *l'exploitation directe* de l'invention pour la fabrication et la vente des machines. . . . ;

« Art. 6. Le fonds capital est fixé à 2,000 fr. qui *sera versé* dans la caisse de la société en deux payements : le 1er, de 1,200 fr., le 20 mars courant; le 2e, de 800 fr., le 20 mai prochain. »

Telles sont les principales conditions qui réglaient la société projetée entre Golay et Alder. Ces conditions auxquelles étaient subordonnées l'existence de la société et la réalisation de son but, ont-elles été remplies? Non, assurément; les faits, survenus dès le lendemain de la signature de l'acte, ne laissent aucun doute à cet égard. Voyons ces faits :

FAITS.

La première chose à faire, après la signature de l'acte, était de constituer le fonds social; d'opérer les versements, ainsi qu'il y était dit, les 20 mars et 20 mai suivant. Alder, mis en demeure de verser la part qui lui incombait, ne s'exécuta pas; l'état de ses affaires, qu'il eut soin de cacher à Golay, ne lui permit pas de remplir ses engagements.

Accablé de dettes et poursuivi par de nombreux créanciers, il déposa, quelque temps après, son bilan au Tribunal de commerce de Genève. (*Voir, à la fin, pièces justificatives*, I.)

Dès le 21 mars, quelques jours après la signature de l'acte, M. Golay, écrivit à Alder, d'avoir à faire le 1er versement, de 600 fr., nécessaire pour la prise des brevets en France. — Sur son refus, le 4 avril suivant, M. Golay, dut se pourvoir devant M. le Président du Tribunal du district de Nyon, à fin de nomination d'arbitres, qui seraient chargés d'examiner si ce manque de versement, n'entraînait pas la résolution de l'acte de société. Des arbitres furent nommés; mais la faillite d'Alder, déclarée le 25 avril, rendit toute procédure ultérieure inutile. Le syndic lui-même y renonça. Tous, créanciers, syndic, arbitres, Golay et son conseil furent d'accord pour reconnaître, qu'il n'y avait pas lieu de suivre devant les arbitres, puisqu'il n'y avait rien à arbitrer, rien à liquider.

Dans cette situation M. Golay s'adressa à d'autres personnes, pour se procurer les fonds qui lui étaient nécessaires pour son entreprise. Il prit des brevets, fabriqua des machines, fit de la publicité, et, bientôt, son invention fut connue et appréciée dans la meunerie.

La faillite d'Alder, avons-nous dit, avait été déclarée le 25 avril 1867; son passif était relativement considérable, l'actif presque nul. — Parmi les créanciers figuraient, pour des sommes importantes, le sieur Alder, banquier à Lausanne, et un sieur Widmer, tous deux ses parents. — En août 1867, ces créanciers consentirent à Alder un concordat d'après lequel il lui était fait remise de 75 p. °/o sur le montant des créances; le surplus, 25 p. °/o, devant être payé en deux termes : le 1er février 1868 et le 1er février 1869. Ce concordat fut homologué le 31 mars 1868. Alder conserva son actif qui consistait, notamment, en un petit outillage de mécanique. Il ne paya rien à ses créanciers; M. Golay, qui réclamait une somme de 2151 fr. 60 c. pour prêts et avances, fut également oublié. Aujourd'hui (décembre 1871) aucun dividende n'a été payé; Alder est resté dans la même situation.

M. Golay avait dû marcher avec les ressources qu'il s'était procurées en dehors d'Alder, sans que ni le syndic, ni aucun des créanciers, ni Alder songeassent à quoi que ce fût au sujet de la prétendue société; il n'y avait que des débours à faire, des soins à donner, rien à recevoir.

Cependant, après son concordat, Alder essaya, non pas de faire revivre l'association par l'accomplissement de ses engagements, ce qui aurait été plus rationnel et plus loyal; mais de revendiquer un droit sur une machine d'un *genre particulier*, construite par Golay; c'est ainsi qu'il fit constater, en décembre 1867, par un expert, désigné sur sa demande par M. le Président des référés du Tribunal de la Seine, l'existence et la fabrication de machines, du même genre, tant à l'Exposition universelle de Paris, que dans les ateliers de M. Charles Golay, constructeur-mécanicien à Paris.

A la suite de cette constatation un procès s'engagea devant le Tribunal civil de 1re instance, entre M. Alder et MM. Golay frères. Ceux-ci opposèrent l'incompétence; mais le Tribunal, devant lequel certains moyens de défense avaient été négligés, passa outre et ordonna de plaider au fond. Sur l'appel de MM. Golay, la Cour annula le jugement.

Pendant cette procédure, et sitôt son concordat obtenu, Alder commença une concurrence contre Golay. Il s'entendit avec un sieur Rivenc de Genève et un sieur L'huillier de Dijon. Un brevet d'invention, pour une machine semblable à celle de Golay, fut pris au nom de Rivenc, le 14 décembre 1868; L'huillier fut chargé de l'exploitation en France. Cette concurrence, ou plutôt cette contrefaçon, arriva bientôt à la connaissance de M. Golay, qui fit saisir un grand nombre de machines contrefaites dans les ateliers de L'huillier et autres lieux.

Le procès entre Golay, L'huillier et consorts est toujours pendant à Paris. Le principal argument que les contrefacteurs font valoir, c'est que M. Golay ne serait pas le véritable inventeur des machines en question; ce serait Alder. Celui-ci, du reste, ne cache nullement qu'il opère avec L'huillier, Rivenc n'étant que son *prête-nom*. La preuve de ce fait se trouve notamment dans la déclaration de L'huillier, insérée dans un procès-verbal de saisie, en date du 17 décembre 1869, ainsi conçu : « M. L'huillier nous a déclaré (à l'huissier, à l'expert et au commissaire de police assistants) qu'il avait reçu depuis le 20 octobre dernier, de M. Alder, ***associé de M. Rivenc***, trente diamants ou pierres dures, enchâssés dans une sorte de pince en fer, d'une valeur de quatre-cent deux francs soixante-dix centimes. . . » — Il est vrai de dire que les contrefacteurs soutiennent qu'il y a une différence entre leur machine et celle de Golay ; mais ce qui est incontestable, c'est le fait de ***concurrence déloyale*** d'Alder à Golay. (***Voir procès-verbal au dossier.***)

M. Alder ne borna pas sa concurrence à la France seulement, il l'étendit dans d'autres pays, notamment à Genève, à Zurich, à Dresde, etc. Il fit beaucoup de publicité ; des prospectus dans lesquels il se donne comme ***le seul et premier inventeur*** de la machine à rhabiller les meules, au moyen du diamant noir. Et, ce qu'il y a de plus fâcheux, pour Golay, dans cette concurrence déloyale, c'est qu'Alder et Rivenc annoncent leurs appareils à ***vil prix*** ; leur prospectus en allemand, porte 300 fr. pour les appareils ***construits et livrés*** à Genève. L'huillier les vend plus cher à Dijon ; mais il fabrique réellement, tandis qu'à Genève, on ne fabrique presque pas ; quand on se présente chez Alder pour acheter, il répond qu'il n'y a pas d'appareil construit pour le moment. — Ce prospectus n'est qu'une annonce trompeuse, faite en vue d'empêcher la vente des appareils Golay, dont le prix de revient, seul, dépasse de beaucoup le chiffre dérisoire d'Alder. (***Voir les deux prospectus au dossier.***)

Il est un autre fait sur lequel il importe de revenir ; nous voulons parler de la machine ou plutôt des machines qui ont figuré à l'Exposition universelle de Paris ; nous avons dit qu'Alder avait fait constater, judiciairement, l'existence d'une machine construite par M. S. Golay, ainsi que la fabrication d'un certain nombre de machines semblables, par M. Charles Golay.

Cette constatation eut lieu, les 5 et 13 décembre 1867. La mission de l'expert était ainsi conçue : « Nous, Président, par *les motifs exposés* en la requête, disons que par Jousselin, expert, que nous commettons à cet effet, qui est dispensé du serment d'office, vu l'urgence, il sera procédé, soit au palais de l'Exposition universelle, soit dans tout autre lieu où elles auraient pu être transportées, à l'examen, tant de la machine exposée originairement par Alder et Golay, que de celle qui l'a été plus tard sous le nom de Golay seul. A l'effet, par l'expert, de rechercher et de dire *quels emprunts ont été faits* à la première, *pour la fabrication* de la seconde, soit au point de vue du principe d'invention, soit à celui des détails d'application. . . »

Comme on le voit, il s'agissait tout simplement de *comparer les deux machines* présentées à l'Exposition ; l'une sous les noms d'Alder et Golay, l'autre sous le nom de Golay seul. L'expert ne comprit pas sa mission, il se lança dans des recherches et appréciations qui ne lui étaient point prescrites ; c'est ainsi, qu'au lieu de se faire représenter les deux machines et d'en faire la comparaison, comme il dit, *côte à côte*, en présence des parties dûment appelées, il examine, seul avec le représentant d'Alder, la première machine d'Alder et Golay ; puis, huit jours après, le 13 décembre, il se rend dans les ateliers de M. Ch. Golay qui était absent. Là, l'expert se livre à toutes sortes d'investigations, il questionne le contre-maître sur la fabrication, il se fait représenter les pièces en construction, examine les livres, etc. Toutes choses non autorisées par la mission.

Après cette sorte d'enquête, dans laquelle M. S. Golay n'a jamais été appelé ni entendu, l'expert, sans songer aux dépenses de toute nature que Golay a faites pour mener à bien son entreprise, conclut, de la façon la plus arbitraire, à ce qu'Alder soit considéré comme le *co-inventeur* de M. Golay, et il propose de lui accorder, à ce titre, une part de bénéfice. . . . .

. . . .

Ce rapport discuté devant le Tribunal de première instance de la Seine fut pris pour ce qu'il valait, l'expert fut blâmé d'avoir outrepassé sa mission, et comme il ne s'agissait pas du fond du procès, le Tribunal ne s'y arrêta pas davantage, autrement ce document eût été rejeté comme entaché de nullité ;

Mais voyons la requête, voyons le rapport, il est bon d'en citer quelques passages :

La requête ou assignation en référé, en date du 25 novembre 1867, portait ce qui suit :

« Attendu que M. Alder *a inventé* une machine à rhabiller les meules, pour la construction et la vente de laquelle une société avait été formée par lui avec le sieur Golay ; que cette machine *a été exposée* au Palais de l'Exposition universelle où elle se trouve encore actuellement déposée ;

« Attendu que le sieur Golay en a ensuite construit un nouveau modèle qui, en présentant *quelques modifications* de détail, apportées par lui au modèle primitif, n'en repose pas moins, tout entier, sur le système originairement *inventé par le requérant ;* que ce nouveau modèle fut également exposé sous le nom de la Société Alder et Golay, et que c'est même sous ce nom qu'*a été délivrée* la récompense obtenue par l'invention dont s'agit ;

« Attendu que dans l'intervalle, des difficultés étant survenues entre les parties, et la Société par elles formée *ayant été dissoute*, le sieur Golay s'est empressé de prendre exclusivement sous son nom, un brevet pour la fabrication et la vente de la machine ainsi *modifiée par lui*, et de faire mettre, en son nom personnel, le dernier modèle exposé sous le nom de la Société ;

« Attendu que le requérant se trouve en droit de revendiquer la part principale lui revenant *dans la machine* dont s'agit et de réclamer, du sieur Golay, une indemnité *à raison de l'invention* qu'il s'est ainsi appropriée ; mais que pour établir et apprécier le chiffre de cette indemnité, il est indispensable que les deux machines dont s'agit soient préalablement *vues et examinées* par un homme compétent qui puisse apprécier *en quoi elles se rapprochent* l'une de l'autre ;

« Attendu qu'il y a *la plus grande urgence* à faire procéder à cette expertise; la Commission impériale pressant en ce moment les exposants d'effectuer le retrait des objets exposés, en menaçant notamment, en cas de retard, de réexpédier d'office au requérant le modèle originairement exposé par lui. »

« Par ces motifs, au principal se voir renvoyer, les parties, à se pourvoir, et cependant, dès maintenant et par provision, voir dire et ordonner que par tel expert qu'il plaira à M. le Président, nommer, et qui sera dispensé du serment, vu l'urgence, il sera procédé, soit au palais de l'Exposition universelle, soit dans tout autre lieu où elles auraient pu être transportées, à la visite et à l'examen des machines dont s'agit, tant de celle qui avait été exposée originairement par MM. Alder et Golay conjointement, que de celle que ce dernier a fait mettre ensuite exclusivement sous son nom, à l'effet par ledit expert de rechercher et de dire, *quels emprunts ont été faits* à la première pour la fabrication de la seconde, soit au point de vue du principe d'invention, soit à celui des détails d'application; évaluer *l'importance de ces emprunts*; donner son avis sur le chiffre de l'indemnité, à réclamer, à Golay, par le requérant. Du tout le dit expert dressera procès-verbal. . . »

Ce fut au moyen de ces allégations mensongères, qu'Alder parvint à obtenir la nomination d'un expert chargé de la mission ci-dessus transcrite, conforme d'ailleurs à la requête.

Quant au rapport, il suffit d'en citer quelques passages pour démontrer dans quelles suites d'erreurs et de contradictions l'expert est tombé.

Ainsi que nous l'avons dit, sa visite à l'Exposition eut lieu, le 5 décembre 1867; M. Charles Golay, seul cité, ne se serait point présenté. L'expert constate cette absence, et ce qu'il y a de singulier, c'est qu'au cours de son examen, pendant cette même visite, il le fait parler comme s'il était présent : « M. Golay, dit-il, *nous a déclaré* que cette machine était celle exposée sous le nom de la société Alder et Golay. . . » et plus loin, après avoir fait une description incompréhensible de l'appareil, il dit : « Le demandeur (Alder) nous a déclaré que ladite machine *n'a pas été mise en place* au Champ de Mars, quoique arrivée première à son emplacement ; M. Golay lui a substitué *la machine en litige* que nous nous proposons d'examiner dans les ateliers, sinon, *les autres machines* construites par lui. »

Lors de sa visite, dans les ateliers de M. Charles Golay, le 13 décembre, l'expert constate la présence d'un M. Gronay ou Groulay, représentant M. Alder, puis celle du contre-maître de M. Charles Golay, celui-ci étant en voyage, et là, après avoir fait les constatations dont il a déjà été dit un mot, l'expert, examinant l'un des appareils en construction, en fait une description plus confuse encore que la première ; ajoutant qu'il se réserve « d'en donner tous les détails dans *l'examen approfondi* qu'il se propose de faire dans *le rapport qui suivra.* » Il termine son procès-verbal du jour, en déclarant qu'il a signé *avec les parties* ; M. Charles Golay était toujours absent. — Il est vrai qu'il a fait signer le contre-maître ; mais celui-ci n'était pas autorisé.

Enfin l'expert déclare qu'il a reçu, le 13 janvier 1868, les protestations de M. Charles Golay contre l'expertise et contre la procédure engagée, puis il dit que celui-ci « *s'est refusé de produire la preuve* de ses allégations, » comme si une protestation avait besoin d'être prouvée.

Plus tard, M. Charles Golay, pressé par l'expert, et tout en persistant dans ses protestations, communiqua ses livres de commerce, d'après lesquels on constata, qu'il avait fabriqué 80 machines. C'est alors que l'avoué Kieffer, occupant pour Alder, fit parvenir à l'expert un *dire* dans lequel il demandait, *à Charles Golay*, une somme de 23,375 fr. pour la part des bénéfices revenant à Alder.

Dans ses réponses au Tribunal, plus embrouillées encore que ses constatations, l'expert relate un fait qui ressort du passage suivant et qui a son importance : « La machine Golay, dit-il, avait été enlevée depuis quelques jours. Quant à la machine Alder elle était emballée, prête à être expédiée en Suisse. Quoique nous *n'ayons pas vu les machines, côte à côte,* et qu'au contraire l'examen de l'une et de l'autre ait été *effectué* à quelques jours d'intervalle, nous avons été frappé de leur ressemblance et de la similitude de leurs organes. »

Ainsi, les machines qu'il s'agissait de comparer n'ont pas été vues, elles n'ont pas été examinées comme le voulait l'ordonnance du Président ; l'expert n'a point précisé *les emprunts* qui avaient pu être faits, comme il y est dit, à l'une pour la construction de l'autre, il s'est borné à constater la ressemblance de leurs organes. Quant au fonctionnement des appareils, l'expert n'en parle pas, et pour raison ; il n'a assisté à aucune expérience.

En terminant il dit : « Quant à présent nous devons baser notre appréciation sur les documents qui nous ont été produits par le demandeur. Ces documents consistent dans *la correspondance échangée* entre les parties et dans *les pièces judiciaires émanant* de Suisse. » Et après avoir cité deux lettres de M. Samuel Golay à Alder, l'une en date du 29 novembre 1864, l'autre en date du 19 janvier 1865, puis deux autres lettres de M. Combe, dessinateur à Bex, en date de janvier et mars 1867, et qui ne prouvent rien contre Golay, l'expert conclut ainsi : « Rien dans cette correspondance ne prouve, d'une façon formelle, que M. Golay *soit plutôt l'inventeur* de la machine que M. Alder ; ce que l'on constate seulement, c'est qu'ils *travaillaient en commun* pour la réalisation de la même idée ; M. Alder a construit, et, M. Golay, qui était meunier, a fait lui-même les essais. »

Mais quelles étaient ces pièces judiciaires, émanant de Suisse ? elles consistaient dans l'acte de la prétendue société et l'assignation Golay, devant M. le Président du tribunal de Nyon, rien de plus ; le jugement déclaratif de la faillite Alder n'y figurait pas, assurément ; l'expert n'en dit mot. Et la correspondance, de qui émanait-elle ? d'Alder seul, qui s'est bien gardé de produire ses propres lettres. C'est là, dans ces documents, que M. l'expert cherche à découvrir le véritable inventeur de la machine en question. Il devait savoir que les lois françaises ne reconnaissent, comme inventeur, que le breveté, et que sa mission ne lui permettait pas de se livrer à de semblables investigations. Les pièces judiciaires ne prouvaient qu'une seule chose, c'est qu'il n'y avait pas réellement d'association entre Alder et S. Golay. Quant à la correspondance elle démontre, tout simplement, qu'Alder n'était rien de plus qu'un constructeur auquel on a confié un travail de sa spécialité. Il n'y avait pas de travail commun, comme l'entend M. l'expert, pas d'idée commune; dans tous les cas l'idée d'Alder, s'il en a jamais eue, était mauvaise, il n'a jamais su la réaliser.

Plus loin, l'expert déclare que l'invention est remarquable et il ajoute que le Jury de l'Exposition n'a pas fait de distinction. « Il a accordé une médaille de *bronze collective* à MM. Alder et Golay. Il *a reconnu ainsi* que c'était à ces deux industriels qu'appartenait l'idée commune *réalisée par la machine* à rhabiller les meules... » D'où, pour l'expert la conséquence qu'Alder doit avoir « sa part dans les bénéfices produits par cette invention. »

Si l'invention est remarquable, à qui le doit-on? Est-ce à Alder qui n'a pas même su établir une machine en état de fonctionner? non, certainement, c'est à Golay seul qu'en revient tout le mérite. Quant au Jury, il n'a rien reconnu; il ne pouvait faire autrement que de délivrer la récompense, suivant l'inscription du catalogue imprimé. Tout le monde sait, et l'on s'étonne que l'expert l'ait oublié, que dans nos grandes Expositions internationales, le Jury ne s'occupe jamais des auteurs ou inventeurs des objets exposés; que l'exposant soit plagiaire, inventeur ou simple marchand, c'est à lui que s'adressent les récompenses. On comprendrait une telle distinction en Suisse où l'on ne délivre pas de brevet d'invention; mais en France et dans les autres pays où l'on accorde des brevets, la chose n'a pas raison d'être, elle serait d'ailleurs impraticable; ce serait jeter les commissions d'examen dans des embarras inextricables. L'on ne saurait donc inférer de ce fait qu'Alder a un droit quelconque dans l'invention dont s'agit.

Et plus loin encore, après de longues et inutiles dissertations sur les meules et leur rhabillage, l'expert dit : « Nous le répétons, rien ne différencierait ces machines l'une de l'autre, si ce n'était *la perfection plus grande* de la machine construite par Golay. » — Il ne dit pas en quoi consiste cette perfection. Est-ce dans l'*ajustement* des pièces; est-ce dans leur agencement ou bien dans une disposition différente des organes essentiels de la machine? l'expert ne le dit pas, et cependant c'était là le but de sa mission. Cette appréciation de l'expert prouverait, une seule chose, si elle avait besoin d'être prouvée, c'est que la machine exposée par Golay était seule en état de fonctionner.

Revenant sur la prétendue association entre Alder et Golay, et dont il ignore la vraie situation, l'expert dit : « Nous avons déclaré que l'*association établie* entr'eux *semblerait rendre égaux* les droits de l'un et de l'autre; donc les bénéfices *effectifs* devraient être partagés... »;

Mais cette association n'a jamais existé de fait; son existence était subordonnée à la réalisation d'une machine donnant de bons résultats, et à l'accomplissement, par Alder, de ses engagements sociaux; deux conditions qu'il n'a point remplies. L'on ne saurait, non plus, conclure d'un fait semblable, que Alder puisse entrer en partage avec Golay.

L'expert se livre ensuite à des calculs imaginaires pour déterminer les bénéfices réalisés par Golay, et il arrive ainsi à fixer, arbitrairement, une somme de 17,600 francs que Golay aurait à payer à Alder, pour sa part de bénéfice dans les quatre-vingts machines fabriquées; à moins cependant, dit-il, « que Golay n'apporte devant le Tribunal *la preuve qu'il est le seul inventeur* de la machine en litige. »

Ainsi, d'après M. l'expert, ce n'est pas à Alder à prouver les faits avancés par lui, ce serait Golay qui devrait fournir toutes justifications. De pareilles appréciations ne se discutent pas, elles tombent d'elles-mêmes.

Ce fut à la suite de cette sorte d'enquête, que l'avoué d'Alder présenta une requête, à M. le Président du Tribunal civil de première instance de la Seine, afin d'assigner M. Charles Golay et M. Samuel Golay.

Dans cette assignation, l'avoué d'Alder rappelle et commente le rapport dans toutes ses parties, et il conclut contre MM. Golay dans les termes suivants :

« Voir dire que le sieur Alder est ...

modèle de machine à rhabiller les meules, exploité par les sieurs S. Golay et Ch. Golay, que *du brevet* pris sous le nom du sieur S. Golay, à la date du 29 mars 1867 ; »

« S'entendre par suite, les sus-nommés, condamner conjointement et solidairement, à payer audit Alder, la somme de dix-sept mille six cents francs... » ;

« Voir dire que l'exposant aura également droit à la moitié de toutes les sommes provenant ou à provenir, soit des ventes des machines qui auront été ou pourront être effectuées, à compter du 25 mars 1868, soit des cessions de brevets qui auraient été ou pourront être consenties à l'Étranger... »

L'ordonnance permettant d'assigner fut rendue le 5 août 1869. L'assignation est conçue en ces termes :

« Par les motifs énoncés en la requête,

« Voir *entériner le rapport* de M. Jousselin, expert, en date du 4 juin dernier ;

« En conséquence, voir dire qu'Alder *est propriétaire pour moitié*, tant du modèle de machine à rhabiller les meules, exploité par MM. Samuel et Charles Golay, que du brevet pris sous le nom de Samuel Golay, à la date du 29 mars 1867. »

« S'entendre par suite, les sus-nommés, condamner conjointement et solidairement à payer, au sieur Alder, la somme principale de 17,600 francs, montant des causes énoncées au dit rapport, avec les intérêts suivant la loi. »

Le surplus comme dans la requête.

Le procès, à Paris, s'engagea donc sur ce terrain, entre M. Alder et MM. Golay. Jusque-là, M. Samuel Golay n'avait pas été appelé, il n'avait pas concouru à l'expertise, et cependant Alder n'ignorait pas que ce fut à lui, à lui seul, qu'il avait affaire ; Alder ne le mit en cause qu'au dernier moment, parce qu'il savait bien que les choses se seraient passées tout autrement s'il eût été entendu ; en effet, S. Golay n'aurait pas manqué de faire connaître la situation d'Alder ; d'expliquer comment la prétendue société entre lui et ce dernier s'était trouvée paralysée dès le début; comment Alder était parvenu à faire inscrire son nom au catalogue de l'Exposition; comme aussi, de s'expliquer au sujet du premier appareil envoyé à l'Exposition. Enfin, comment il était, lui Golay, le seul inventeur des machines en question.

L'expert aurait vu que Golay n'était pas un simple meunier, mais bien un mécanicien plus capable, plus expérimenté que M. Alder. Il aurait appris que M. Golay, fils d'un mécanicien distingué, avait travaillé lui-même dans plusieurs ateliers de construction, d'abord comme ***mécanicien-ajusteur*** et ***monteur***, et en dernier lieu, comme chef de cabinet et d'atelier, dans l'une des premières maisons de Paris. Le rapport eût été tout autre et M. Golay en aurait fini de suite, pour une bonne fois, avec son adversaire. (*Voir à cet égard pièces justif.*, II et III.)

Mais revenons aux faits. Alder, avons-nous dit, possédait un atelier de mécanique, il travaillait, depuis plusieurs années, pour M. Golay qui, tout en faisant valoir son usine, s'occupait, comme ingénieur-mécanicien, de faire construire certaines machines, notamment des ventilateurs de moulins. Il fournissait à Alder les plans, les modèles pour les constructions qu'il lui confiait. Golay lui payait sa main-d'œuvre et ses fournitures; il lui fit même souvent des avances d'argent. C'est ainsi que Golay confia, à Alder, l'exécution de la machine à rhabiller les meules de moulins.

Dès 1865, une machine fut construite dans l'atelier d'Alder et essayée chez M. Golay; deux lettres d'Alder, en date des 17 mars et 19 décembre 1865, confirment ce fait. Il y est dit : dans la première : « *La machine à meules s'avance et je compte qu'elle ira bien* »; et dans la seconde, après avoir livré à Golay sa machine, « *Je suis* fortement inquiet *de la réussite de la machine, je pense que tu as tout essayé,* — dis-moi quel jour il faudrait venir, s'il est nécessaire, et comme cela marche. » Et plus loin, par *post-scriptum*, « Si elle marche bien, il faudra de suite nous occuper sérieusement. Après le nouvel an ***je trouverai des fonds.*** » (*Voir lettres au dossier.*)

Cette première machine était incomplète, mal construite. Alder n'avait pas suivi les indications de Golay, il s'était écarté de ses plans. Il fallut modifier l'appareil ; M. Golay précisa, de nouveau, ce qu'il entendait obtenir ; mais Alder voulait y mettre du sien, et il arriva que Golay ne put jamais obtenir de lui un appareil convenablement exécuté.

Au cours de ces travaux, il avait été quelquefois question d'une association, Alder y tenait beaucoup ; dans presque toutes ses lettres il en parlait. Golay, au contraire, éprouvait une certaine répugnance à s'associer avec un homme qui n'avait rien fait pour l'aider dans ses essais ; mais Alder connaissait son secret, il pouvait le divulguer ; ou s'emparer lui-même de l'invention.

En même temps qu'il avait été question d'association on avait parlé de l'Exposition universelle de Paris ; l'on s'était dit : si la machine en voie d'exécution produit de bons résultats, on l'y enverra. Ceci se passait au commencement de 1866, le délai pour les demandes d'admission expirait le 28 février. Alder prit sur lui de faire la demande en son nom et en celui de Golay, et dans une lettre, en date du 3 février 1866, tout en insistant sur l'association, il annonce qu'il a fait « *l'expédition de la demande.* » (*Voir pièces au dossier.*)

Alder espérait ainsi se créer un titre. A partir de ce moment il se posa, tout-à-fait, comme le co-inventeur de Golay, il devint de plus en plus exigeant, pour la formation d'une société ; l'acte à passer l'occupait avant toutes choses ; dans ses lettres des 16 et 28 février, 3 avril 1866, qu'on trouvera au dossier, il en parle constamment ; dans une lettre, du 12 mars, de la même année, il exprime la crainte que Golay ne refuse l'association ; il dit : « Je ne crois pas encore, *que tu veux me laisser de côté* pour une chose que j'ai si juste le droit de profiter. » Et plus loin : « ..... Je désirerais beaucoup que nous puissions *nous entendre* et profiter ensemble de la chose. »

Ses lettres, des 24 mai et 5 juin 1866, expriment les mêmes craintes et les mêmes désirs ; dans l'une il avoue « qu'il serait bien heureux si *l'affaire pouvait s'arranger* ; dans l'autre, il fait savoir à Golay qu'il serait disposé à entreprendre la construction de la machine. « *Je désirerais beaucoup*, dit-il, *me mettre après la machine en question ;* car j'aurai le temps..... »

Enfin, le 7 janvier 1867, Alder écrivait ce qui suit à Golay : « *Peux-tu me donner des nouvelles sur la machine à rhabiller*, j'ai reçu de l'administration, le plan où elle doit se placer pour l'Exposition. Et pour la finir *j'ai* pas une heure à perdre, seulement je désirerais que tu *puisse donner un coup d'œil* si dé foi (des fois) j'aurais oublié quelque chose, et, *enfin, que nous soyons d'accord.* »

M. Golay ayant examiné la machine, il la trouva non conforme à ses indications; l'appareil ne valait rien. Le temps pressait pour l'Exposition; Alder et Golay se rendirent auprès de M. le Commissaire fédéral, afin d'être autorisés à envoyer provisoirement, et pour ne point perdre la place, la machine qui se trouvait dans l'atelier d'Alder, sauf ensuite à la remplacer par une autre, mieux conditionnée.

Quelques jours après, le 8 février, Alder écrivait ainsi à Golay : « ..... Je te dis que je veux faire, la semaine prochaine, comme nous avons convenu avec M. Menn, secrétaire de l'exposition, soit d'exposer la machine à rhabiller les meules qui est chez moi *comme machine provisoire* et remplacer plus tard par *une autre bien réussie.* »

Pendant que toutes ces choses se passaient, M. Golay, qui était fixé sur les capacités d'Alder, aussi bien que sur sa moralité, faisait établir de nouveaux modèles chez lui, à Nyon. Ces modèles terminés et les pièces de fonte en provenant furent expédiés : partie à M. Jules Golay, mécanicien à Morges; partie à Alder, à Genève.

Le travail confié à Alder exigeait une grande précision ; Alder était outillé en conséquence, il ne réussit pas mieux que les fois précédentes. Golay dut lui retirer une partie desdites pièces et les faire finir à Morges, chez son frère, chargé de l'*ajustement* des bâtis d'ensemble.

C'est cette machine, construite à Nyon et à Morges, qui a figuré à l'Exposition de Paris, en 1867.

Alder, quoique convaincu que l'appareil exécuté chez lui ne valait absolument rien, n'en persista pas moins à l'expédier à Paris. La démarche qu'il avait faite, lui-même, auprès de M. le Commissaire fédéral; les aveux qu'il fit sur l'imperfection de l'appareil et l'impossibilité de le faire fonctionner, firent qu'on le laissa dans sa caisse d'emballage; l'appareil Golay fut seul exposé.

Mais, on se rappelle que la demande d'admission avait été faite par Alder, en son nom et celui de Golay. Les deux noms furent inscrits au catalogue et, au moment où l'appareil Golay arrivait au Palais de l'exposition, ce catalogue était imprimé, aucun changement n'était possible. Ce fut par suite de cette circonstance, que la médaille accordée pour la *machine Golay* fut adjugée à Alder et Golay; le jury n'avait pas à distinguer entre les deux exposants, il avait vu deux noms au catalogue et une machine parfaitement conditionnée, donnant de bons résultats, il accorda la récompense aux exposants inscrits.

DISCUSSION.

En présence de tous ces faits, si palpables, on se demande comment il se peut que le sieur Alder ait osé former sa demande en nomination d'arbitres; comment il se peut qu'il ose prétendre, devant ces arbitres, que la société n'est pas dissoute; que le brevet Golay est propriété sociale.

En ce qui touche le premier chef, est-il possible d'admettre, un seul instant, l'existence de la société, alors qu'Alder n'a rempli aucun de ses engagement sociaux; alors qu'il est tombé en faillite le lendemain de la signature de l'acte de société; alors qu'il est constant qu'Alder s'est associé avec d'autres (Rivenc et L'huillier), pour exploiter la même invention; alors que le délai, fixé pour la durée de la société, est sur le point d'expirer, sans qu'il ait donné, pour ainsi dire, signe de vie; alors qu'Alder a déclaré solennellement, dans son assignation du 25 novembre 1867, que la société entre lui et Golay *était dissoute*? Non, il n'est pas possible d'admettre une telle prétention : la société Alder-Golay n'a jamais eu d'existence réelle. Rien n'a été fait ; aucune opération n'a eu lieu ; rien, absolument rien, depuis la signature de l'acte.

On objectera, sans doute, que le contrat existe, qu'il n'a pas été détruit : cela est vrai ; mais quelle est donc aujourd'hui la valeur de ce contrat ? qu'était-elle après le refus d'Alder de remplir ses engagemens sociaux, le 21 mars 1867 ; après sa faillite? Nulle, absolument nulle. Cet acte de société *a été frappé de mort* dès son origine ; rien n'a pu le faire revivre, et le demandeur ne saurait être admis à s'en servir aujourd'hui pour réclamer, soit le partage des bénéfices que Golay a pu réaliser, soit une part quelconque dans l'invention de celui-ci.

Ce fut peut-être une faute, lorsque Golay demanda la nomination d'arbitres, le 4 avril 1867, de ne pas se pourvoir devant le tribunal compétent pour faire déclarer que la société était nulle ; mais ce défaut de précaution, de la part de M. Golay, ne change en rien le fond des choses ; il s'agit d'une société commerciale, et, en pareille matière, ce sont les faits qu'il faut considérer, ils priment le droit.

Donc, sur ce chef nous disons que le contrat intervenu entre Golay et Alder, le 1er mars 1867, n'a eu aucune suite, qu'il est resté à l'état de projet et que, conséquemment, la société, dont il réglait les conditions, doit être réputée comme n'ayant jamais existé. Partant, il n'y a pas lieu de déclarer cette prétendue société dissoute, mais seulement de *prononcer la résolution* du contrat pour cause d'inexécution, par l'une des parties.

En ce qui touche le second chef, il est évident que si la sociéte n'a pas existé, les brevets que M. Golay a pu prendre pour son invention ne sauraient être propriété sociale ; l'acte disait : qu'*on prendrait des brevets*; qu'on en ferait la cession, et même, qu'*on les exploiterait directement*, en fabriquant et vendant des machines.

Pour prendre des brevets et les exploiter, ainsi que le voulait l'acte de société, il fallait de l'argent. Alder en a-t-il fourni ? Non, il a refusé de verser la part qui lui incombait dans le fonds social. Il a répondu à la mise en demeure de Golay, par le dépôt de son bilan. Et, après, a-t-il cherché à être utile à cette prétendue société qu'il veut faire revivre aujourd'hui ? Pas davantage.

Pendant sa faillite, et bien que M. Golay ait eu des égards pour lui, en ne poursuivant pas pour sa créance, il ne chercha aucunement à se rendre utile ; au contraire, il fit tout pour nuire à Golay ; c'est ainsi que nous le voyons s'entendre avec le sieur Rivenc, pour la prise d'un brevet d'invention, pour une machine semblable à celle de Golay, et traiter avec le sieur L'huillier pour l'exploitation dudit brevet ; faisant ainsi concurrence à celui qu'il veut, encore aujourd'hui, faire considérer comme son associé.

C'est là, il faut en convenir, une prétention bien étrange : demander à partager lorsqu'on n'a contribué en rien dans l'entreprise ; lorsqu'on a tout fait pour l'entraver, au point de l'anéantir par une concurrence déloyale. C'est là quelque chose d'inqualifiable et qu'aucun tribunal ne saurait admettre.

Mais, dira-t-on, Alder peut avoir des droits dans l'invention ; il avait, dès avant la formation de la société, prêté son concours pour la réalisation de cette invention ; il a construit des machines, et la récompense accordée, à l'Exposition de Paris, a été délivrée en son nom aussi bien qu'en celui de Golay ; il doit être considéré comme copropriétaire du brevet. Cette prétention ne se soutient pas plus que les autres. Alder a prêté son concours, il a construit des machines ; mais il a été payé pour cela ; les travaux dont l'avait chargé Golay lui ont été soldés, bien que ces travaux n'eussent servi à rien. Quant à la récompense de l'Exposition, ce n'est pas à Alder qu'elle s'adressait ; nous avons vu comment celui-ci était parvenu à se mettre en nom et comment l'appareil qu'il avait expédié à l'Exposition ne fut pas admis. Le fait de la récompense lui échappe donc comme les autres.

M. Alder va plus loin : dans ses propos et ses prospectus, et jusque dans ses actes de procédure, il se dit l'auteur de l'invention ; c'est lui qui en aurait eu la première idée; Golay n'aurait rien fait, il l'aurait *exploité, spolié;* mais comment concilier tout cela avec les déclarations contenues dans sa correspondance? Comment expliquer ses demandes réitérées, de plus en plus pressantes, d'association, et ses craintes, manifestées au sujet de sa participation dans l'exploitation? Reportons-nous aux lettres des 16, 18 février, 12 mars et 3 avril 1866, et voyons, en bonne conscience, si c'est là le langage de quelqu'un qui a créé une invention?

Non, assurément, c'est le langage d'un homme qui voit que Golay a une bonne idée et qui cherche, par tous les moyens possibles, à s'allier à lui. Si Alder eût été l'inventeur comme il a essayé de le faire croire, pourquoi donc toutes ces demandes d'association, pourquoi ces supplications, tant de fois répétées. Pourquoi, enfin, admettre Golay dans cette affaire? Alder, en possession d'une invention, de cette importance, n'aurait pas manqué de trouver, à Genève, les capitaux nécessaires pour l'exploiter, ne fût-ce qu'auprès de ceux qui le soutiennent aujourd'hui; mais rien de tout cela, Alder passe des années à solliciter, de Golay, l'association.

Pourquoi encore, lorsque Alder s'est adressé aux tribunaux français, n'a-t-il pas formé une demande directe en *revendication*? S'il était l'inventeur, c'était la seule marche à suivre; mais le terrain était trop dangereux, on a pris un *biais*, on a préféré s'adresser à M. Charles Golay, qui n'était pour rien ni dans les machines de l'Exposition, ni dans la prétendue association Alder-Golay. Ce moyen était aussi mauvais pour Alder que le premier, car M. Ch. Golay, a établi devant la Cour d'appel: qu'il n'était pas l'associé de M. Samuel Golay, qu'il n'était pas son prête-nom; qu'il travaillait pour son propre compte; enfin, qu'il n'avait rien de commun avec le sieur Alder, et, que c'était à tort qu'on s'était adressé à lui.

C'est surtout en présence de ces faits, parfaitement établis, que la Cour de Paris a annulé le jugement obtenu par Alder, et, comme conséquence, a mis à néant toute la procédure.

Vainement, on se demande sur quoi se fonde Alder pour réclamer une part dans la propriété du brevet Golay. Est-ce en vertu de l'acte de société? Est-ce en vertu d'un droit antérieur? Mais encore une fois, l'acte, du 1er mars 1867, n'a eu aucune suite, il est resté à l'état de lettre morte; rien, absolument rien n'a été fait; pas la plus petite opération depuis sa passation chez le notaire. Si c'est en vertu d'un droit antérieur, il est inutile d'invoquer le contrat, il ne dit rien à cet égard;

Alder doit s'expliquer franchement et faire la preuve des faits qu'il avance; de son titre d'inventeur, de la *spoliation* par Golay, le mot a été prononcé; mais non, ce moyen est aussi mal fondé que le premier. Pour ôter toute idée à M. Alder d'y revenir, il suffira à M. Golay d'invoquer les déclarations de deux personnes, MM. Cartier et Combe, dont le témoignage ne peut être mis en doute, et qui, dès le début, ont connu les relations des parties. Ces déclarations attestent, de la manière la plus formelle, que M. Samuel Golay est le seul inventeur des machines à *rhabiller* les meules de moulins au moyen du diamant noir. (*Voir pièces justif.*, V et VI.)

Donc, il n'y a pas lieu de déclarer les brevets, pris par Golay, propriété sociale, non plus que d'accorder, à Alder, une participation quelconque dans les bénéfices que Golay a pu réaliser.

Ce n'est pas tout: M. Golay a souffert de l'inaction d'Alder dans l'association projetée, il a souffert de ses menées avec Rivenc, de sa concurrence déloyale, fictive et réelle, en Suisse, en Allemagne et autres pays, il a éprouvé un grand préjudice. Aussi entend-il en demander réparation.

CONCLUSIONS.

En résumé, M. Golay conclut à ce qu'il plaise à MM. les arbitres:

Attendu que dès le 21 mars 1867, M. Golay a, par lettre chargée, mis en demeure M. Alder de remplir ses engagements sociaux, notamment, de faire le premier versement qui lui incombait;

Attendu que vu le refus d'Alder, M. Golay dut se pourvoir, le 4 avril suivant, devant le tribunal de Nyon, en nomination d'arbitres, pour voir dire « que la Société en nom collectif Alder et Golay, constituée le 1er mars 1867, serait résiliée pour défaut d'accomplissement des engagements sociaux de la part d'Alder ; »

Attendu que par jugement du 12 avril 1867, des arbitres ont été nommés ; mais que, par suite de la faillite de M. Alder, la procédure commencée devant le tribunal arbitral n'a pas été suivie ;

Attendu que M. Alder voudrait aujourd'hui, après n'avoir rempli aucune des obligations que les conventions du 1er mars 1867 lui imposaient, avoir le bénéfice de ces conventions ;

Attendu qu'aux termes de l'article 880 du Code civil Vaudois, « la condition résolutoire est toujours sous-entendue dans les contrats synallagmatiques, pour le cas où l'une des parties ne satisfait point à son engagement ; » qu'en fait, il est constant que M. Alder n'a rempli aucun des engagements qu'il avait pris ;

Que M. Golay est donc fondé aujourd'hui, comme il l'était en 1867, à demander la résolution du contrat intervenu le 1er mars 1867 ;

Attendu que l'effet de la résolution étant de remettre les choses en même état qu'au jour de la *passation* de l'acte, il n'y a pas lieu d'examiner si la société que M. Alder prétend avoir existé, entre lui et le concluant, est ou n'est pas dissoute ;

Que la Société étant réputée n'avoir jamais existé, il ne peut être question de dissolution ;

Attendu que par les mêmes raisons la prétention de M. Alder, de faire considérer le brevet pris à Paris, le 29 mars 1867, comme une propriété sociale, n'a aucun fondement ;

Par ces motifs :

Vu l'article 880 du Code civil,

Prononcer, du fait d'Alder, la résolution de l'acte reçu Martheray, en pate du 1er mars 1867; dire que cet acte ne peut produire aucun effet entre les parties;

En conséquence, déclarer Alder non recevable, en tous cas mal fondé en ses demandes, fins et conclusions, l'en débouter et le condamner en tous les dépens.

CONSULTATION

DANS L'AFFAIRE DE M. SAMUEL GOLAY CONTRE M. FERDINAND ALDER

Le Conseil soussigné, avocat à la Cour d'appel de Paris, consulté sur les questions soumises à MM. les arbitres, chargés de statuer dans l'instance pendante, entre M. Alder et M. S. Golay, est d'avis des résolutions suivantes :

M. Ferdinand Alder demande qu'il soit prononcé par MM. les arbitres :

« 1° Que la Société contractée, le 1er mars 1867, sur les mains du notaire Martheray n'est pas dissoute ;

« 2° Que le brevet pris par Golay, le 29 mars 1867, est une propriété sociale et qu'il a droit, en conséquence, à la moitié des bénéfices obtenus et à obtenir par ce brevet. »

I.

Sur le premier chef, le Conseil soussigné soutient la thèse juridique consacrée par les auteurs les plus renommés, à savoir : que la faillite dissout, de plein droit, la société. Mais, allant plus loin, il prétend que l'acte social, lui-même, doit être considéré comme nul et non avenu ; l'effet de l'inexécution des conventions, de la part d'Alder, ayant donné naissance à une action résolutoire, dont la conséquence doit être la résiliation du contrat intervenu entre ce dernier et Golay. Et ce, à partir de cette inexécution ; c'est-à-dire, à partir du 21 mars 1867.

L'article 1939 du Code civil du canton de Genève dispose :

« La société finit par la mort civile, l'interdiction ou la faillite de l'un « des associés. »

En présence d'une dispositoin aussi claire, toute discussion paraîtrait oiseuse. En effet, si la faillite met fin à la société, il semble évident que la société ne continue pas.

Dans cet article, le failli est mis sur la même ligne que celui qui est mort civilement et que l'interdit. Or, pourrait-on soutenir que le *mort civil*, qui est réputé mort, ou que l'interdit, qui est incapable d'agir, sont encore dans les liens de la société, jusqu'au moment où une autorité judiciaire a prononcé la dissolution? Si l'on ne saurait élever cette prétention, comment pourrait-on prétendre que le failli, qui leur est assimilé et qui est aussi frappé d'incapacité, est fondé à alléguer que la société, dont il était membre, continue jusqu'à décision judiciaire? — Poser ces questions, c'est les résoudre.

Serrons de plus près la difficulté.

L'article 1339, précité, est conforme à l'article 1865 du Code civil français. Aussi M. Alder, pour soutenir sa prétention, invoque-t-il l'opinion des auteurs et de la jurisprudence de France.

Nous allons démontrer, par les mêmes autorités, que nous sommes dans la vérité juridique, en posant ce principe, que la faillite de l'un des associés entraîne, *de plein droit*, la dissolution de la société.

Parcourons d'abord les auteurs.

M. Duvergier dit : « La Société *est dissoute*..... par la faillite ou la « déconfiture de l'un des associés..... Le texte ne parle pas de la nomi- « nation d'un conseil judiciaire et de la faillite; mais ces faits appor- « tent, soit à la capacité, soit à la position d'un associé, des modifi- « cations semblables à celles qui résultent de l'interdiction ou de la « déconfiture; il est donc naturel de les considérer comme des dissol- « vants aussi actifs. » (*Traité des Sociétés*, n°s 443 et 444.)

Duranton expose que : « l'état de faillite dessaisit le failli de l'admi- « nistration de ses biens, à compter du jour auquel le jugement en fait « remonter l'ouverture (art. 443 Cod. de com.), pour transporter cette

« administration aux créanciers, qui l'exercent par le ministère de leurs « syndics. Il suit de là que la société *est dissoute*, non-seulement par la « propre faillite, mais encore par celle de l'un des associés. » (*Cours de droit français*, t. XVII, n° 474.)

On lit dans Eug. Persil : « Quand un associé tombe en faillite, la so- « ciété *est dissoute*, parce qu'alors il n'y a plus égalité entre les associés ; « que les uns sont tenus de remplir les obligations et de faire les avances, « tandis que celui qui est tombé en faillite est hors d'état d'accomplir les « charges. » (*Traité des Sociétés*, p. 348.)

Pardessus, après avoir relaté, d'après l'article 1865 du Code civil français, les causes qui entraînent la dissolution, de plein droit, de la société, avait dit : « On peut mettre au nombre des causes qui donnent le « *droit de provoquer* la dissolution de la société, la faillite..... Ces évé- « nements ont cela de commun qu'ils ne produisent pas la dissolution « de plein droit ; mais que, seulement, ils fournissent, à celui qui veut en « exciper, un moyen de demander cette dissolution. » (*Cours de droit commercial*, n°s 1051 et 1065.)

Cette thèse, repoussée par tous les auteurs, est restée isolée dans la doctrine. Elle a été combattue, avec la plus grande énergie, par Delangle, ancien ministre de la justice, ancien procureur général à la Cour de Cassation, qui s'exprime en ces termes :

« La loi ne distingue pas entre la faillite et le décès de l'un des asso- « ciés : elle les place sur la même ligne pour en tirer les mêmes consé- « quences. M. Pardessus allègue que la faillite n'est pas, comme la « mort, un événement tout à la fois nécessaire et naturel : cela est vrai ; « mais qu'importe, si la loi, sans se préoccuper de la différence qui sé- « pare ces accidents, en a tiré des conséquences analogues ; si elle a « voulu que la faillite et les décès eussent les mêmes effets ? La société « finit..... par la déconfiture de l'un des associés. Il n'y a rien là de fa- « cultatif ; le sens est absolu : la société ne survit donc pas à la faillite « de l'un des associés. *Dès que cet événement arrive, elle finit pour tout le « monde.* » (*Sociétés commerciales*, n° 661.)

M. Alauzet, juge au tribunal de la Seine, après avoir rappelé ces paroles de M. Delangle, ajoute : « Ces raisons nous paraissent convain- « cantes et s'appuient sur les termes du texte que nous sommes habitué « à respecter. » (*Commentaire du Code de commerce*, n° 275.)

M. Paris s'incline aussi devant ces raisons. « Nous ne voyons pas, « dit-il, qu'à vue de ces termes de l'article 1865, la société finit : « par « la déconfiture de l'un des associés, » il soit possible d'admettre, à « moins d'une convention contraire, que les associés aient le pouvoir « de continuer la Société, nonobstant la faillite de l'un d'eux ; car, cet « accident dissout, *de plein droit*, la société. C'est la loi qui le déclare, « elle-même, dans les termes les plus formels. » (*Commentaire du Code de commerce*, n° 897.)

Malepeyre et Jourdain émettent cette opinion : « Les causes, qui pro- « duisent la dissolution *de plein droit*, sont..... la déconfiture et la faillite « de l'une des parties. » (*Traité des Sociétés commerciales*, page 287.)

Dalloz dit : « La loi énonce la déconfiture de l'un des associés. Il « faut ajouter ou sa faillite, s'il est commerçant. La société, en effet, « serait exposée à voir les créanciers de cet associé intervenir dans les « affaires du chef de leur débiteur, lui créer des embarras et la para- « lyser par des oppositions. De plus, si la Société était commerciale, les « associés étant solidaires, ceux qui seraient solvables seraient tenus de « payer, sans recours possible, pour ceux qui ne le seraient pas. » (*Répertoire*, *Société*, n° 728.)

Enfin, terminons ces citations, par quelques lignes tirées du *Dictionnaire de droit commercial* de M. Goujet, conseiller à la Cour de Cassation : « La Société finit *de plein droit*... par la déconfiture de l'un des « associés. » (*Société*, n° 410).

Ainsi, quoiqu'un jurisconsulte distingué ait troublé l'harmonie de la doctrine, on peut affirmer, comme une règle certaine, que la faillite de l'un des associés a pour conséquence, nécessaire, de produire, *de plein droit*, la dissolution de la société, à partir du jour où cette faillite a éclaté.

De l'examen des auteurs passons à l'application du principe, par jurisprudence.

Écartons, d'abord, l'arrêt de la Cour d'Orléans, du 29 août 1844 (cité par M. Alder), qui juge que les dispositions de l'article 1865, du Code français, ne sont pas d'ordre public, et qu'en conséquence, la déconfiture de l'un des associés n'emporte pas la dissolution de la société, *s'il résulte de l'ensemble du pacte social*, qu'il a été dans l'intention des parties de continuer la société, malgré cette déconfiture. — Il est de toute évidence, et les auteurs le reconnaissent, que la loi ne s'oppose pas à ce que, dans le pacte social, les associés conviennent que la société continuera malgré la déconfiture de l'un d'eux. Une pareille stipulation, n'offensant, en rien l'ordre public, doit sortir ses effets. — Mais tel n'est pas notre cas; Nulle part, dans l'acte de société, entre Alder et Golay, on ne rencontre une telle stipulation. Cet acte laisse, sous ce rapport, les deux parties dans les termes du droit commun. L'arrêt de la Cour d'Orléans est donc sans application possible dans la cause.

Ce qu'il faut demander à la jurisprudence, c'est de savoir, si, lorsqu'il n'y a pas eu de dérogation conventionnelle à la règle, la faillite de l'un des associés n'entraîne pas, *ipso facto*, la rupture du lien social.

La question s'est présentée dans une espèce exactement semblable à celle qui s'agite aujourd'hui. Des arbitres avaient été nommés et, devant eux, on soutint que la faillite de l'un des associés avait entraîné, *de plein droit*, la dissolution de la société. Le 21 octobre 1851, les arbitres rendirent leur sentence conforme au système que nous exposons, et dont voici quelques passages :

« Attendu, qu'aux termes de l'article 1865, la société finit par la dé-
« confiture de l'un des associés;

« Que Valade a été déclaré en faillite, le 25 octobre 1850, et que la
« faillite étant la qualification légale de la déconfiture du négociant, il
« est de jurisprudence constante qu'elle est comprise, par la loi, dans le
« terme générique de *déconfiture* employé par l'article 1865;

« ... Attendu que, dans le cas ci-dessus de l'article 1865, la dissolu-

« tion de la société a lieu *de plein droit*, *indépendamment de la volonté* « *des parties et de l'appréciation des juges ;* — d'où résulte que le con- « cordat, acccordé à l'associé failli, ne saurait faire revivre une société « dissoute par le fait seul de la faillite..... »

Appel. — Le 5 janvier 1853, arrêt de la Cour de Paris qui confirme, en adoptant les motifs, cette sentence arbitrale. (*Journal du Palais*, tome Ier de 1853.)

Dans une autre affaire (Giraud C. syndic Bletou), il y avait faillite d'un associé ; mais les parties, d'un commun accord, résolurent de continuer les opérations sociales. La Cour de Cassation statua ainsi :

« Attendu que, *s'il est incontestable, en droit, que la faillite, comme* « *le décès de l'un des associés*, entraîne la dissolution de la société, il « n'en est pas moins certain qu'il en est autrement lorsque les associés, « majeurs et maîtres de leurs droits, consentent, *d'un commun accord*, « à la continuation de la société..... » — Cour de Cassation, 7 décembre 1858. (*Journal du Palais*, tome de 1859, page 1051.)

Mais voyons les objections faites par M. Alder.

1re Objection. — « La faillite prononcée à Genève ne peut avoir pour « effet de faire cesser une société qui a son siége dans le canton de « Vaud. — Le jugement qui ordonne la faillite n'est qu'une ordon- « nance d'administration judiciaire, mais n'est pas un jugement civil ou « contradictoire. — Il n'est pas surtout un jugement définitif, car « d'après la loi de Genève, le failli n'est pas dessaisi de la propriété de « ses biens, qui sont administrés, par la justice, jusqu'à l'assemblée des « créanciers. »

Réponse. — En premier lieu : l'état de faillite est indivisible, il s'étend à tout, pour tout, partout, à la personne et aux biens du failli. La déclaration de faillite d'Alder, quoique prononcée à Genève, atteint Alder, aussi bien à Nyon, dans le canton de Vaud, qu'à Genève même. Comprendrait-on qu'un négociant, qui aurait de grandes propriétés dans le canton de Vaud, serait là, à l'abri de l'action de ses créanciers et des effets de la faillite, par cela seul que cette faillite n'aurait pas été prononcée dans le canton de Vaud, mais seulement à Genève ? Ne voit-on pas qu'avec ce système, la justice serait impuissante à déjouer les calculs de la fraude, et qu'on arriverait, à cette conséquence impossible, qu'il faudrait, une déclaration de faillite, dans chacun des cantons où le failli aurait des droits, des intérêts, des propriétés?

En deuxième lieu : qu'importe que le jugement déclaratif de faillite ne dessaisisse pas le failli *de la propriété* de ses biens? Cela est ainsi, non-seulement à Genève, mais en France et en tous pays. Mais le failli est dessaisi de l'*administration* de ses biens. Or, s'il est incapable d'administrer, si d'autres administrent pour lui, la dissolution de la société, dans laquelle il figure, est une nécessité légale. — Je m'associe avec un individu déterminé, je ne m'associe pas avec ses créanciers qui viendraient, dans la société, prendre malgré moi, son lieu et place. Et c'est précisément par suite de cette impossibilité, où est le failli, d'apporter à la société sa part d'administration et de ressources, que la loi, que les auteurs, que la jurisprudence, cités plus haut, déclarent que la faillite d'un associé entraîne, *de plein droit*, la rupture du pacte social.

En troisième lieu : la déclaration de faillite, d'Alder, était si bien définitive, que ses opérations ont suivi leur cours sans protestation de sa part, et qu'après les formalités nécessaires, les créanciers lui ont consenti un concordat.

2ᵉ Objection. — « Alder a obtenu un concordat à la date du 9 août « 1867, et l'effet de ce concordat est de le replacer dans la position qu'il « avait antérieurement. Le concordat lie tous les créanciers d'Alder, y « compris Golay, lequel, d'ailleurs, n'est pas intervenu dans la faillite « d'Alder. »

Réponse.—Dans aucun pays du monde, le concordat n'a et ne saurait avoir les effets que lui attribue M. Alder. Eh quoi ! voilà un homme qui n'a pu travailler, ni être utile, ni engager sa responsabilité pécuniaire, ni apporter aucun concours d'un genre quelconque, parce qu'il était engagé dans les liens d'incapacité de la faillite, et il serait replacé rétroactivement dans la situation où il était avant de faillir, et il viendrait s'approprier le fruit des travaux, de l'intelligence et de la responsabilité d'autrui !

La société était dissoute de fait, dès le 21 mars 1867, par l'effet du refus d'Alder, de remplir ses engagements sociaux, et, de plein droit, par la faillite. Le concordat n'a pu faire revivre la société qui n'existait plus.

3° Objection. — « La faillite peut être une cause de dissolution d'une « société, lorsque le failli a apporté des biens en société et que ces « biens doivent en être sortis pour être distribués à ses créanciers per- « sonnels; mais lorsque l'associé a apporté presque uniquement son « industrie, il est indifférent, pour ses créanciers, que la société con- « tinue ou pas. Il est de même indifférent, pour l'associé non failli, que « son coassocié soit en faillite personnelle, puisque cela ne l'empêche « pas de continuer à fournir son industrie à la société. »

Réponse. — Ceci est un aveu qui facilitera singulièrement la mission de MM. les arbitres et qui éclairera leur religion :

Voilà M. Alder qui reconnaît, avec naïveté, qu'il a apporté presque uniquement son industrie; et, dans les autres parties de son mémoire, il ose crier à la spoliation. Quand il affirme qu'on lui a ravi *sa machine*, son invention, il est énergiquement démenti par ce passage où, se rapetissant pour échapper à une règle du droit, il se présente comme une sorte d'ouvrier, n'apportant que son industrie.

Quant à cette industrie, comment a-t-il le triste courage d'en parler? Il devait verser 600 fr., il n'a rien versé. Il devait son concours, il ne l'a pas donné. Depuis la signature de l'acte on ne l'a plus revu, on n'a plus entendu parler de lui. Après sa faillite, ses syndics n'ont fait entendre aucune réclamation; il n'a jamais parlé de ses prétendus droits dans la société. Et, c'est quand Golay a réussi à faire prospérer sa propre invention, au prix de ses labeurs et de ses dépenses, qu'Alder fait entendre de vaines et tardives protestations !

Est-ce que, en équité, cela ne juge pas le procès?

4e Objection. — « Supposons la société dissoute, sans la volonté, ou « même contre la volonté des parties, conformément à l'article 51 de la « loi sur les Sociétés de commerce, et aussi longtemps que cette publica- « tion n'a pas eu lieu, la Société subsiste. »

Réponse. — Lorsque la dissolution anticipée résulte, non de la volonté des parties, mais d'un événement, mis par la loi au nombre des causes qui entraînent, de plein droit, la cessation des sociétés, la dissolution n'a plus besoin d'être publiée pour produire son effet, même à l'égard des tiers. Ce principe, qui est encore élémentaire, est enseigné par les auteurs et la jurisprudence. (Bourges, 30 janvier 1830, *Journal du Palais*, tome de 1830, à sa date; Cassation, 10 juillet 1844, Sirey, Devil., t. XLIV, 1re partie, p. 745.)

Le défaut de publication de la dissolution peut être invoqué par les tiers, pour la protection desquels la formalité a été prescrite : les associés, eux, ne sauraient en profiter ni en exciper.

Mais, nous n'entendons pas nous borner à cette discussion théorique. Il y a, dans la cause pendante entre MM. Alder et Golay, une considération dont l'effet est plus grave et plus immédiat.

Il est constant que M. Alder n'a rempli aucune des obligations qui lui incombaient. Or, dans les contrats synallagmatiques, la condition résolutoire est toujours sous-entendue, pour le cas où l'une des parties ne satisfait pas à son engagement. Le droit de Golay, de demander cette résolution, est donc incontestable (art. 880, code Vaudois. — 1184 c. civil français).

L'effet de cette résolution sera, d'opérer la rétroactivité jusqu'au jour de la passation du contrat. Arrêt de cassation du 31 décembre 1857. — Sirey 1857, 1re partie, page 641.)

Il importe peu que M. Golay n'ait pas, dès l'origine, insisté sur ce droit qui lui appartient.

En effet, le 4 avril 1867, M. Alder fut assigné; et le 12 avril, des arbitres furent nommés afin de statuer sur sa demande en résiliation de contrat.

Mais voilà que, alors que la cause était pendante, un fait nouveau, capital, surgit, la faillite d'Alder, le 25 avril.

Comme le dit très-bien M. Golay dans son Mémoire, cette faillite, « rendit *toute procédure ultérieure inutile*. Le syndic lui-même y re-« nonça. Tous, créanciers, syndics, arbitres, Golay et son conseil, fu-« rent d'accord pour reconnaître que le fait de la faillite mettait « fin à l'association, et, qu'il n'y avait pas lieu de suivre devant les « arbitres, puisqu'il n'y avait rien à arbitrer, rien à liquider. » (*Note de M. Golay*, p. 3.)

Cette attitude, prise par Golay, suffirait pour régler l'avenir à dater du jour de la faillite; mais, en présence des prétentions d'Alder, touchant la prise du brevet, avant la faillite, Golay se trouve fondé à réclamer la plénitude de son droit ; c'est-à dire, qu'il est fondé à soutenir que l'acte social doit être résolu, faute d'exécution des stipulations y contenues. Ce droit, inscrit dans la loi et justifié par les faits de la cause, est resté entier au profit de Golay, sans qu'aucune fin de non-recevoir, à renonciation, puisse lui être opposée.

II.

Sur le second chef, le Conseil soussigné estime qu'on ne saurait déclarer que le brevet, pris par Golay, le 29 mars 1867, est une propriété sociale et qu'Alder a droit à la moitié des bénéfices obtenus ou à obtenir par l'exploitation de ce brevet.

Si la difficulté soulevée, sur ce point, s'élevait en France, le Tribunal arbitral se déclarerait, même d'office, incompétent pour y statuer.

En effet, la loi française, du 5 juillet 1844, relative aux brevets d'invention, porte :

« Article 34. — L'action en nullité et l'action en déchéance pourront « être exercées par toute personne y ayant intérêt.

« Ces actions, ainsi que toutes contestations, relatives à la propriété

« des brevets, seront portées devant les ***tribunaux civils*** de première « instance.

« Article 36. — L'affaire sera instruite et jugée dans la forme pres- « crite pour les matières sommaires, par les articles 405 et suivants « du Code de procédure civile ; elle sera communiquée ***au procureur* « *du Roi.*** »

Comme M. Alder prétend que le brevet est une propriété sociale ; comme M. Golay, de son côté, soutient que le brevet est sa propriété propre et personnelle, c'est bien là une de ces contestations en matière de propriété de brevet, dont les articles 34 et 36 de la loi de 1844 réservent la connaissance aux tribunaux civils de 1re instance. Et, comme les tribunaux de commerce ni les arbitres n'ont pas, devant leur juridiction, ce ***ministère public*** auquel la demande doit être communiquée, l'incompétence des arbitres serait, en France, considérée comme intéressant l'ordre public.

Le Conseil soussigné ignore si, en Suisse, la législation sur les brevets d'invention contient une disposition analogue ; mais il a cru devoir, en une matière qui touche au bon ordre des juridictions, soumettre cette observation à l'expérience de MM. les arbitres.

M. Alder se trompe encore quand il allègue, dans son Mémoire, que « l'acte de société a été conclu pour obtenir des brevets, pour DES « MACHINES à rhabiller les meules de moulin. » — Non ! tel n'est pas le texte ni l'esprit de l'acte de société, du 1er mars 1867.

L'acte de société ne se référait qu'à UNE MACHINE DÉTERMINÉE, à celle qui existait alors, et non ***aux machines*** qui, pouvant avoir la même destination, ***seraient inventées ultérieurement.***

En effet, on lit dans l'acte de société, article 1er : « Il est formé entre « les comparants une société en nom collectif ayant pour objet l'exploi- « tation de l'invention D'UNE MACHINE... »

L'article 5 ajoute : « Les opérations de la société consistent dans « l'obtention de brevets d'invention pour LA MACHINE DONT IL S'AGIT... »

Ainsi, pas d'équivoque possible : l'objet social était bien l'exploitation et la prise de brevets uniquement pour la machine alors existante ; c'est-à-dire, avant le 1er mars 1867. On n'avait pas prévu que, la machine en question étant insuffisante, incomplète, impossible, ***une autre machine***, réalisant le but espéré, serait inventée et confectionnée. Cet objet, par conséquent, ne pouvait s'étendre et ne s'étendait pas à cette seconde machine, non encore conçue ou inventée.

Il était donc dans le droit de Golay, comme dans celui d'Alder, qui n'aliénaient nullement leur liberté d'action, quant à ce, de faire ***une machine autre*** que celle qui devenait l'objet social et de faire breveter cette autre machine, en leur propre et privé nom.

Eh bien ! Golay a fait cela : il prétend que la machine brevetée, le 29 mars 1867, est à lui, à lui seul ; qu'elle diffère, dans ses parties essentielles de la machine primitivement mise en association ; que dès lors il a eu le droit de demander un brevet en son nom seul ; qu'Alder, par le long silence qu'il a gardé, par la contrefaçon qu'il en a faite, en s'associant avec d'autres, a reconnu, implicitement, mais formellement, la réalité de cette prétention.

Golay a pour lui le titre, auquel provision est due.

Que faut-il donc que fasse M. Alder pour que la demande, déférée à MM. les arbitres, ait quelque chance ? Il faut qu'il prouve que la machine brevetée, le 29 mars 1867, est la même, ***identiquement*** la même, du moins dans ses organes importants, que celle qui a été l'élément de l'acte d'association. S'il ne fait pas cette preuve, et, en cette matière les documents les plus précis sont nécessaires, il devra échouer.

Or, où M. Alder trouvera-il des documents indispensables ? Serait-ce dans l'expertise faite à Paris ? Mais ce travail émane d'un homme que MM. les arbitres ne connaissent pas et auquel il n'ont pas donné mission ; ce travail n'a pas, même en France, été l'objet d'aucune discussion, d'aucune homologation ; les tribunaux français, s'ils étaient éclairés par des débats sérieux, repousseraient ce simple avis, et dès lors, comment pourrait-il s'imposer à la confiance de MM. les arbitres ?

D'ailleurs, que MM. les arbitres veulent bien se pénétrer des détails consignés dans le Mémoire de M. Golay (de la page 4 à la page 12), et ils seront frappés, comme le Conseil soussigné, de la gravité des griefs relevés contre cette expertise.

Au surplus, et quoiqu'il en soit des observations précédentes, M. Alder élève une prétention qui choque les notions du droit et de la justice.

M. Alder veut que, de mars 1867 jusqu'à ce jour, les résultats obtenus par M. Golay, grâce à des prodiges de travail et d'énergie, soient partagés entre eux. Par là, M. Alder, qui n'a pas versé un centime de sa mise sociale, qui ne s'est pas même mis en rapport avec son associé, qui n'a coopéré en rien à la réussite de l'exploitation, qui, au contraire, s'est mis avec des gens faisant concurrence, arriverait à récolter sans avoir semé.

Et, il parle d'usurpation de sa propriété ! Et, mettant sa misère, alléguée en présence de l'opulence prétendue de Golay, il semble vouloir placer sa réclamation sous la protection de ces doctrines détestables, qui considèrent ceux qui possèdent comme les ennemis de ceux qui ne possèdent pas.

Le Conseil soussigné n'ajoute plus qu'un mot : certes la justice ne permet pas que, parce qu'il est pauvre, par sa faute ou sans sa faute, un inventeur soit dépouillé du résultat de son travail et de son intelligence ; mais la justice ne tolère pas davantage que l'industriel, auquel le labeur a procuré une position, plus ou moins favorisée, soit rançonné par celui-là qui, au lieu de lui apporter un concours utile, lui a créé de déplorables entraves.

Sans cela, ce serait le cas de dire, avec le poëte latin,

Sic vos non vobis.

Délibéré à Paris, le 15 décembre 1871.

Louis NOUGUIER.

PIÈCES JUSTIFICATIVES.

I.

Nyon, le 21 mars 1867.

Monsieur Alder, à Genève,

Suivant acte de société, passé devant le notaire Martheray à Nyon, le 1er mars courant, entre Ferdinand Alder et Samuel Golay, rendu public conformément à la loi, chaque associé devait faire un premier versement de *six cents* francs, le 20 mars. Je vous ai prié de faire ce versement en mains du notaire Martheray; je viens de m'assurer que vous ne l'avez pas effectué.

Devant partir pour Paris, ce versement ne peut être différé, je viens vous inviter à faire ce payement demain.

Agréez, Monsieur, mes salutations.

S. Golay.

II.

Lettre de M. Alder à M. Golay.

Genève, le 15 *avril* 1860.

Cher ami,

Tu me *fairé* un grand plaisir en envoyant, au plus vite, le dimension que j'ai *demandé* sur une machine à vapeur horizontale la force d'1 1/2 à 2 chevaux, je crois je *veut le* faire *cheminer* de 100 à 120 tours par minute. Quelle poid faut-il au volant et le diamètre? et la longueur de *cours* du piston, et le diamètre du *cilindre*, et les grandeurs des canaux de vapeur, et un peu les principales mesures.

Je sais que tu *est* très au courant de *sé* chose est tu me *fairé tré* plaisir en envoyant *cella* un peu vite, je te *paierai* qui faut.

Je te salue,

Ferd. Alder.

6

III.

Certificat de M. Schmitz, ingénieur, Chef du service des usines de la Compagnie générale d'éclairage de Paris.

Je soussigné E. Schmitz, ingénieur, attaché à la Compagnie Parisienne d'éclairage et de chauffage par le gaz, demeurant à Paris, rue de Dunkerque, n° 42, déclare et certifie que M. Samuel Golay, ingénieur mécanicien, est resté chez feu mon père, pendant les années 1857-1858 et 1859, et, qu'en cette qualité il dirigeait le cabinet des études (plans et dessins), ainsi que la construction des machines.

En foi de quoi j'ai délivré le présent certificat.

E. Schmitz.

IV.

Nous soussignés déclarons avoir fondu et livré, les 19 et 28 février 1867, des pièces de fonte moulées sur les modèles qui nous ont été envoyés par M. Samuel Golay, meunier-mécanicien, à l'Asse près Nyon.

Ces pièces consistaient en deux bâtis à trois branches et d'autres pièces pour chariots à coulisses et accessoires, destinées à faire *deux machines à tailler les meules*.

Les deux bâtis ont été expédiés à M. Jules Golay, constructeur à Morges; les autres pièces ont été livrées à M. Alder, à Genève, et les modèles ont été renvoyés à M. Samuel Golay, à Nyon.

Carouge, le 8 mars 1870.

Exertier et Boock,
Fondeurs en fer à Carouge, près Genève.

V.

Je soussigné, Edouard Combe, ingénieur civil, demeurant à Genève, 55, rue des Pâquis, déclare avoir été le témoin des faits suivants relativement à l'affaire de la machine à rhabiller les meules qui fait l'objet du procès pendant entre M. Samuel Golay et M. Alder :

1° Au commencement de 1866, M. Golay est venu me consulter sur les moyens à employer pour éviter *une spoliation* qu'il craignait, quant à son invention, de la part d'Alder.

2° Le jour de Noël, 1866, eut lieu à Genève, une réunion provoquée par M. Cartier et moi pour mettre d'accord, si possible, MM. Golay et Alder.

3° Pour engager M. Golay à céder sur la question de la raison sociale, je lui dis, dans cette réunion et selon ma conviction : « Que t'importe que ton nom soit premier ou deuxième? *Nous savons bien que tu es l'inventeur.* » Ce propos ne fut pas relevé par Alder.

4° Ce même jour, de Noël 1866, M. Alder nous ayant fait voir la machine qu'il avait commencée pour l'Exposition de Paris, M. Golay nous déclara qu'Alder *s'était écarté de ses instructions ;* que cette machine ne valait rien et qu'il ne consentirait jamais à l'exposer.

Prêt à affirmer par serment l'exactitude des faits ci-dessus, je signe cette déclaration pour valoir ce que de droit.

Genève, le 21 avril 1870.

Ed. Combe.

VI.

Le soussigné Charles Cartier, ancien mécanicien, demeurant à Siviriez, canton de Fribourg, déclare et certifie que M. Samuel Golay, de Nyon, canton de Vaud, *est bien l'inventeur* de la machine à rhabiller les meules de moulins, avec le diamant noir, à rotation, et pour laquelle il a pris un brevet en France, le 29 mars 1867.

J'affirme d'autant mieux ce fait que j'ai été chargé, à la fin de décembre 1866, avec M. Combe, ingénieur, d'aplanir quelques difficultés survenues entre M. Alder et M. Golay, à propos de ladite machine et d'un projet d'association.

Ma conviction était à cette époque, comme aujourd'hui, que M. Golay *en est le seul inventeur.*

Romont, le 26 février 1870.

Ch. Cartier.

531 — Paris. — Imprimerie Cusset et Ce, 26, rue Racine.

www.ingramcontent.com/pod-product-compliance
Ingram Content Group UK Ltd.
Pitfield, Milton Keynes, MK11 3LW, UK
UKHW021522260726
13993UKWH00004B/1825